Rebecca Weber

Das Leben als Geschenk - die Organspende als Zeichen d

Ethische und theologische Aspekte der Organtransplanta

GRIN - Verlag für akademische Texte

Der GRIN Verlag mit Sitz in München hat sich seit der Gründung im Jahr 1998 auf die Veröffentlichung akademischer Texte spezialisiert.

Die Verlagswebseite www.grin.com ist für Studenten, Hochschullehrer und andere Akademiker die ideale Plattform, ihre Fachtexte, Studienarbeiten, Abschlussarbeiten oder Dissertationen einem breiten Publikum zu präsentieren.

Rebecca Weber

Das Leben als Geschenk - die Organspende als Zeichen der Nächstenliebe?

Ethische und theologische Aspekte der Organtransplantation

GRIN Verlag

Bibliografische Information der Deutschen Nationalbibliothek: Die Deutsche Bibliothek
verzeichnet diese Publikation in der Deutschen Nationalbibliografie; detaillierte bibliografische Daten sind im Internet über http://dnb.d-nb.de/ abrufbar.

1. Auflage 2007
Copyright © 2007 GRIN Verlag
http://www.grin.com/
Druck und Bindung: Books on Demand GmbH, Norderstedt Germany
ISBN 978-3-640-80907-3

1.) Einleitung   1

2.) Daten und Fakten zur modernen Transplantationsmedizin   2

2.1.) Exkurs: Die Lebendspende – medizinische und ethische Aspekte   3

2.2.) Das Transplantationsgesetz – mehr Rechtssicherheit, aber nicht mehr Organe?   6

3.) Wann ist ein Mensch tot? Todeskonzeptionen im Wandel   7

3.1.) Die Hirntodkonzeption – Basis für geltendes Transplantationsrecht   9

3.2.) Das Hirntod-Konzept in der Kritik   10

4.) Die Kirchen und ihre Stellung zur Organtransplantation   13

4.1.) Was ist der Mensch? Leben und Tod aus der Perspektive christlicher Anthropologie   15

5.) Ethische Problemfelder im Bereich der postmortalen Organtransplantation   17

5.1.) Die Würde des Menschen – gültig über den Tod hinaus?   17

5.2.) Zwischen Pflicht und Freiwilligkeit   18

5.3.) Die Angehörigen des Spenders - Verlustbewältigung und Entscheidungskonflikt   20

6.) Weitere Problemfelder   23

7.) Resümee und Ausblick   23

8.) Verwendete Literatur   25

1.) Einleitung

Die Fragestellung, unter der diese Arbeit zunächst stehen sollte, betraf die moralisch-ethische Legitimation der Organtransplantation, vor allem deren Beurteilung durch die christliche Ethik. Bei der Literaturrecherche und –aufbereitung zeigte sich jedoch recht schnell, dass sich weitaus mehr Problemfelder und ethische Fragen ergeben, als im Rahmen einer Seminararbeit behandelt werden können – eine Reduktion und Fokussierung auf einige zentrale Aspekte wird daher unumgänglich sein. So wird der Problemkreis der Lebendorganspende nur gestreift, ebenso die Frage nach Zustimmungslösungen, die in den vergangenen Monaten für neuen Zündstoff in der Debatte über mangelnde Spendebereitschaft und fehlende Spenderorgane gesorgt hat. Einen größeren Stellenwert wird hingegen die postmortale Organtransplantation einnehmen, wobei es sich durch die verschiedenen beteiligten Personen- und Interessengruppen ebenfalls um ein komplexes und vielschichtiges Thema handelt.

Um die Thematik angemessen darzustellen, sollen zumindest grundlegende Fakten und aktuelle Daten zum Stand der modernen Transplantationsmedizin erwähnt werden, um einen Eindruck über Chancen und Möglichkeiten operativer Verfahren in diesem Bereich zu schaffen. Da die vorliegende Arbeit das Thema Organtransplantation vor allem aus ethischer bzw. christlich-religiöser Perspektive betrachtet, wird der medizinische sowie der rechtliche Hintergrund einbezogen, sofern er wesentliche Aspekte betrifft, die bei der Behandlung der Organspende-Problematik unbedingt berücksichtig werden müssen. Vor allem das so genannte „Hirntod-Kriterium" hat nicht nur medizinisch-rechtliche Konsequenzen, sondern berührt das Verständnis von Menschsein, von Leben und Tod und damit von ganz existenziellen Grundkonstanten im menschlichen Bewusstsein, die mit den Entwicklungen der modernen Medizin ins Wanken geraten sind.

Sehr beeindruckt hat mich die „medizinethnologische Studie" – so der Untertitel – von Vera Kalitzkus aus dem Jahr 2003[1], die die Autorin mit dem bezeichnenden Titel „Leben durch den Tod" veröffentlicht hat. In dieser Untersuchung stellt Kalitzkus nicht nur interessante Überlegungen zu divergierenden „Todeskonzepten" in Geschichte und Gegenwart an, sondern hat den Kontakt zu den „beiden Seiten" der Organtransplantation gesucht. Interviews mit Angehörigen von Organspendern sowie mit Organempfängern werfen Licht und Schatten auf die Problematik und werden in meiner Arbeit an einigen Stellen aufgegriffen. Nicht zu leugnen ist die emotionale Ebene, auf die man selbst als momentan nicht Betroffener bei der

---

[1] Kalitzkus, Vera: Leben durch den Tod. Die zwei Seiten der Organtransplantation. Eine medizinethnologische Studie. Frankfurt/ New York 2003 (Campus Verlag).

Beschäftigung mit dem Thema Transplantation leicht gerät; immerhin handelt es sich hierbei um ganz existenzielle Fragestellungen und Problemfelder, an deren Ende Einzelschicksale stehen und Lebensgeschichten stehen. Dies zu berücksichtigen soll nicht zu „blinder" Subjektivität führen – das tut es meines Erachtens auch bei Vera Kalitzkus nicht – dennoch ist die „persönliche Seite", die Frage nach dem konkreten Menschen, nicht zu vernachlässigen, wenn versucht werden soll, aus moraltheologischer bzw. christlicher Perspektive die Problematik der Organtransplantation zu beleuchten.

Im abschließenden Ausblick sollen neben einem Resümee aktuelle Entwicklungen in der Transplantationsmedizin erwähnt werden, die in der Zukunft – die bei der Geschwindigkeit der heutigen Wissenschaft immer schon in der Gegenwart beginnt – für weitere ethische Diskussionen sorgen werden und auch von den christlichen Kirchen eine Positionierung verlangen.

2.) Daten und Fakten zur modernen Transplantationsmedizin

Organtransplantationen zählen heute zu den etablierten klinischen Behandlungsmöglichkeiten, die an rund fünfzig deutschen Kliniken routinemäßig durchgeführt werden. Nach der ersten erfolgreichen Organtransplantation im Jahr 1954 sowie der ersten Herztransplantation durch den südafrikanischen Arzt Christian Bernard im Jahr 1967 haben sich in der Intensivmedizin unter anderem durch neu entwickelte Verfahren der so genannten Apparatemedizin sowie durch die bessere Beherrschung der Organabstoßung neue Möglichkeiten ergeben, um Gewebe oder Organe eines lebenden oder toten Spenders auf einen Empfänger zu übertragen. Vor allem die Transplantation von Niere, Leber und Herz wird mittlerweile vielfach erfolgreich durchgeführt, während die Verpflanzung von Lunge (gegebenenfalls kombiniert als Herz und Lunge) sowie die der Bauchspeicheldrüse noch in der Entwicklungsphase sind.[2] Neben diesen Organen besteht unter anderem die Möglichkeit der Transplantation von Knochen, Gehörknöchelchen und Augenhornhäuten. Im Jahr 2006 wurden in Deutschland insgesamt 4646 Transplantationen (einschließlich der Transplantationen nach Lebendspende) durchgeführt, wobei die Nierenverpflanzung mit mehr als 50 Prozent die häufigste Operation darstellt.[3] Wurde ein Organ erfolgreich transplantiert, kann es grundsätzlich seine normalen Funktionen und Regulationen wieder aufnehmen und damit entscheidend die Überlebenschancen und die Lebensqualität des Organempfängers

---

[2] vgl. Irrgang, Bernhard: Einführung in die Bioethik. München 2005 (Wilhelm Fink Verlag). S.105.
[3] Quelle: Deutsche Stiftung Organtransplantation. Internetadresse: www.dso.de

erhöhen. Die Erfolgrate der Transplantationen ist im Vergleich zu den frühen Organverpflanzungen gestiegen, besonders bei der Übertragung von Spendernieren funktionieren beispielsweise ein Jahr nach der Operation bis zu 88 Prozent der übertragenen Nieren, nach fünf Jahren immerhin noch bis zu 74 Prozent.[4] Dennoch bleibt der Organempfänger in seiner Gesundheit insofern eingeschränkt, als er eine dauerhafte Immunsuppression zur Unterdrückung des immunologischen Abwehrmechanismus bzw. einer Abstoßungsreaktion verkraften muss.

Die Zahl der potenziellen Organempfänger – häufig schwer kranke Patienten – übersteigt in Deutschland um ein vielfaches die Zahl der zur Verfügung stehenden Spenderorgane, wenn auch in den letzten Jahren ein kontinuierlicher Aufwärtstrend bei den Zahlen der Organspender festzustellen ist. So spendeten im vergangenen Jahr (2006) 1.259 Menschen nach ihrem Tod ihre Organe (3,2 Prozent mehr als im Vorjahr).[5] Dennoch sind die Wartezeiten auf ein Organ lang, für viele Patienten zu lang; im Durchschnitt vergehen vier bis fünf Jahre, bis ein geeignetes Organ verfügbar ist. Vor allem die Dringlichkeit sowie die Erfolgschancen einer Transplantation werden bei der Organverteilung berücksichtigt, ebenso wie die jeweilige Wartezeit. Verteilt werden die Organe vorwiegend über die Zentrale der Eurotransplant Foundation im niederländischen Leiden, die ein Verzeichnis alle registrierten Patienten führt und die Eignung von Spenderorganen für die möglichen Empfänger im Eurotransplant-Bereich (Benelux-Staaten, Deutschland, Österreich) ermittelt.

2.1.) Exkurs: Die Lebendspende – medizinische und ethische Aspekte

Im Rahmen dieser Arbeit nicht näher behandelt, aber ethisch durchaus nicht unproblematisch, stellt die Organlebendspende neben der postmortalen Organspende eine weitere Möglichkeit in der Transplantationsmedizin dar. Vorteile der Lebendspende liegen in der geringen Schädigung des Organs, in der kurzen Lagerungszeit und in den fehlenden Einflüssen durch Reanimierungsmaßnahmen sowie Kreislaufversagen des Spenders, es handelt sich also um „ideale Organe" bzw. „Organteile"[6], vor allem auch wegen der optimalen Planbarkeit des Eingriffs und des langfristig besseren Funktionierens der transplantierten Organe gegenüber postmortal transplantierten Organen.

---

[4] Zahlen vgl. „Wie ein zweites Leben. Informationen der BZgA zur Organspende und Transplantation in Deutschland. S.6.
[5] Quelle: Deutsche Stiftung Organtransplantation. www.dso.de
[6] Broelsch, Christoph E.: Lebendspende in der Realität am Beispiel der Nieren- und Lebertransplantation. In: Organlebendspende. Diskurs zu ethischen, rechtlichen, theologischen und praktischen Aspekte. Symposium der Nordrhein-Westfälischen Akademie der Wissenschaften 2005. Hg. von Christoph E. Broelsch. Paderborn 2006 (Verlag Ferdinand Schöningh).S.34f.

Das Transplantationsgesetz von 1997, das im folgenden Abschnitt in seinen Kernpunkten dargestellt wird, sieht für Lebendspenden Einschränkungen vor, beispielsweise sind Spenden nur möglich unter Verwandten ersten oder zweiten Grades (Eltern oder Geschwister des Empfängers), unter Ehepartnern, Verlobten und anderen Personen, die dem Empfänger in besonderer persönlicher Verbundenheit nahe stehen. Während Eltern ihren Kindern Organe spenden können, ist die Spende (minderjähriger) Kinder an ihre Eltern nicht gestattet. Trotz dieser klaren Regelungen stellen sich ethische Probleme, zum Beispiel die Frage nach der Freiwilligkeit der Spende bzw. nach der Möglichkeit von deren Feststellung. Immerhin handelt es sich bei dem Eingriff in den Körper des Spenders um eine „Körperverletzung" bzw. eine Verletzung seiner körperlichen Integrität, da er weder den Interessen noch der Gesundheit des gesunden Spenders dient, sondern eventuell sogar medizinische Risiken birgt. Nicht zuletzt stellt die Entnahme von Organen lebender Spender eine Herausforderung für den Arzt dar, der bei seiner Tätigkeit gewöhnlich dem Ethos des „vor allem Nichtschadens" (primum nil nocere) folgt.[7] Handelt der Spender bei seiner Zustimmung tatsächlich aus freien Stücken oder drängt ihn psychischer, moralischer oder sozialer Druck zum Handeln? Selbst nach umfangreicher Prüfung der Freiwilligkeit der Spende kann die (relative) Autonomie bei der Entscheidung nicht immer mit voller Sicherheit festgestellt werden, weshalb der postmortalen Organspende weiterhin der Vorrang zukommt und auf dem Prinzip der Subsidiarität der Lebendspende beharrt wird. Dies bedeutet, dass das Transplantationsgesetz die Lebendspende nur dann zulässt, wenn zum Zeitpunkt der Transplantation kein geeignetes Organ eines verstorbenen Spenders zur Verfügung steht. Ein weiteres Problem können die zwischen Spender und Empfänger bestehenden psychischen Abhängigkeiten bedeuten, so kann es beispielsweise vorkommen, dass eine (nicht unwahrscheinliche!) Abstoßungsreaktion als Zeichen der Undankbarkeit gedeutet wird.

Diskutiert wird die Ausweitung des Spenderkreises auf nicht-verwandte und in keiner persönlichen Beziehung stehenden Personen, die sich in einer Art „Schicksalsgemeinschaft" – medizinischer, sozialer und emotionaler Art – sehen, weil beispielsweise ein Mensch ein neues Organ benötigt, die Spende vonseiten seines Partners jedoch nicht möglich ist (zum Beispiel aufgrund von Blutgruppenunverträglichkeiten). Bei der so genannten „Cross-over-Spende" spendet – bei entsprechender medizinischer Kompatibilität – der Gesunde des einen Paares dem Organempfänger des anderen Paares ein Organ und umgekehrt. Grundsätzlich ist diese Form der Lebendspende ethisch nicht anders zu bewerten als die Spende unter

---

[7] vgl. Organlebendspende. Diskurs zu ethischen, rechtlichen, theologischen und praktischen Aspekten. Symposion der Nordrhein-Westfälischen Akademie der Wissenschaften 2005. S.13.

Verwandten, allerdings verweisen manche Kritiker auf die tendenziell größere Gefahr der Kommerzialisierung und des Organhandels.

Die beiden großen christlichen Kirchen in Deutschland, die römisch-katholische Kirche und die evangelische Kirche, bejahen die Lebendspende als Ausdruck christlicher Nächstenliebe, da die lebensbedrohliche Situation des Erkrankten ihm eine Vorrangstellung gegenüber anderen bringt, die sich nicht im Zustand existenzieller Bedrohung befinden. Die Hilfeleistung für den Schwerkranken steht im Vordergrund, wobei die Kirchen das Konfliktpotenzial der Organlebendspende nicht verkennen. In einem Beitrag auf dem Symposium der Nordrhein-Westfälischen Akademie der Wissenschaften von 2005 hebt der Vertreter der christlichen Kirchen, Präses Schneider, hervor, dass die Sensibilität im Umgang mit den Betroffenen und die sachliche Aufklärung über Risiken (nicht nur medizinischer, sondern auch sozialer und psychischer Art) unerlässlich seien, damit die Spenderinnen und Spender zu „einer begründeten Entscheidung kommen, mit der sie auf Dauer leben können." Schneider unterstreicht dabei das Wort „Dauer", „denn die Entscheidungen sollen nicht zu Brüchen in der Biografie führen."[8] Im Zusammenhang mit der Frage nach Abhängigkeitsverhältnissen und den sich daraus ergebenden Problemen, wie sie oben kurz angesprochen wurden, verweist Schneider auf das Gleichnis vom barmherzigen Samariter, in dem deutlich werde, was christliche Nächstenliebe ausmache:

> „**Barmherzigkeit bedeutet in diesem Gleichnis, und das ist die Pointe: der Samariter fragt sich nicht: was kann ich leisten?, sondern: was benötigt der, der vor mir liegt und unter die Räuber gefallen ist. Wählt man diese Betrachtungsweise, so ist es angezeigt, die Situation des Empfängers, seine notvolle Lage noch einmal ganz anders in die Debatte einzuführen. Diese Perspektive führt zu der Erkenntnis, dass mein Wollen durch die Liebe zu den notwendigen Hilfeleistungen gedrängt wird."[9]**

Im Anschluss an diesen Exkurs zur Organlebendspende sollen nun die postmortale Organtransplantation und einige zentrale Aspekte der ethischen Diskussion über diesen Bereich der Transplantationsmedizin in ihren zahlreichen Verflechtungen dargestellt werden.

---

[8] Präses Schneider: Stellungnahme der christlichen Kirchen. In: Symposium der Nordrhein-Westfälischen Akademie der Wissenschaften 2005. Paderborn 2006 (Schöningh). S.51.
[9] ebd. S.51.

2.2.) Das Transplantationsgesetz – mehr Rechtssicherheit, aber nicht mehr Organe?[10]

Seit dem Inkrafttreten des Transplantationsgesetzes (TPG) am 1. Dezember 1997 ist die Organtransplantation in Deutschland gesetzlich geregelt, um die Rechte und Verpflichtungen aller Beteiligten sowie die Bedingungen der Entnahme und Übertragung von Organen und Geweben festzulegen. Im Rahmen der vorliegenden Arbeit ist neben dem Artikel, der die Einwilligung des potenziellen Spenders betrifft, vor allem § 3 Abs. 1 Nr. 2 von zentraler Bedeutung. Hier wird festgelegt, dass eine Organentnahme nur dann zulässig ist, wenn der Tod des Organspenders nach Regeln, die dem Stand der medizinischen Wissenschaft entsprechen, festgestellt worden ist.[11] Das Kriterium, nach dem in der heutigen Medizin der Tod eines Menschen diagnostiziert wird, ist das so genannte „Hirntodkriterium", das im folgenden Abschnitt kurz erläutert wird. Für die Zulässigkeit von Organspenden gilt die so genannte „erweiterte Zustimmungslösung", die besagt, dass zur Organentnahme die Einwilligung des Spenders oder der engsten Familienangehörigen unabdingbare Voraussetzung ist. Der vom Spender zu Lebzeiten verfassten Erklärung zur Organspende ist absolute Priorität einzuräumen, wobei Jugendliche erst ab 16 Jahren selbst in eine Organspende einwilligen können. Die Ablehnung der Organentnahme ist hingegen ab dem 14. Lebensjahr möglich. In der Mehrzahl der Fälle liegt jedoch eine solche Einverständniserklärung nicht vor, so dass die Angehörigen des Hirntoten verpflichtet sind, den ihnen bekannten oder mutmaßlichen Willen des Verstorbenen zu vertreten und einer postmortalen Organspende zuzustimmen oder diese gegebenenfalls abzulehnen („erweiterte Zustimmungslösung"). Im Bereich der Zustimmungsregelung zeichnen sich inzwischen neue Entwicklungen ab; so veröffentlichte der Nationale Ethikrat in Deutschland am 24. April 2007 eine Stellungnahme mit dem Ziel, die Zahl der Organspenden zu erhöhen. Darin hieß es unter anderem:

> „Im Jahr 2005 haben sich trotz der im TPG niedergelegten Meldepflicht nur 45 % der Krankenhäuser mit Intensivstationen an der Organspende beteiligt, d.h. mindestens

---

[10] Zitat aus der „Zeit" vom 3.5.2007. S.19.
[11] **§ 3 TPG Organentnahme mit Einwilligung des Organspenders (Gesetzestext nach: www.dso.de)**
(1) Die Entnahme von Organen ist, soweit in § 4 nichts Abweichendes bestimmt ist, nur zulässig, wenn
1. der Organspender in die Entnahme eingewilligt hatte
2. der Tod des Organspenders nach Regeln, die dem Stand der medizinischen Wissenschaft entsprechen, festgestellt ist und
3. der Eingriff durch einen Arzt vorgenommen wird.

Kontakt mit der zuständigen Koordinierungsstelle aufgenommen. Dieser Missstand ist sowohl auf mangelnde Anreize für Krankenhäuser, sich an der Organspende zu beteiligen, als auch auf mangelnde Sanktionen für die Nichtbeteiligung zurückzuführen."[12]

Neben der Kritik an der mangelnden Beteiligung der Kliniken und an organisatorischen Defiziten des Gesundheitssystems wurden Gründe für den Organmangel auch in der gesetzlichen Regelung gesehen, die die postmortale Organspende von der ausdrücklich erklärten Zustimmung der Spender bzw. ihrer Angehörigen abhängig macht.[13] Das Konzept der Widerspruchsregelung, das in der Stellungnahme favorisiert worden war, wurde im Mai 2007 von Gesundheitsministerin Ulla Schmidt abgelehnt.

Verschiedene Institutionen wie zum Beispiel die Bundeszentrale für gesundheitliche Aufklärung (BzgA) oder der Arbeitskreis Organspende (AKO) der Deutschen Stiftung Organtransplantation (DSO) betreiben weiterhin Werbung für Organspende in der Öffentlichkeit, um die Spendebereitschaft zu erhöhen und um die Akzeptanz und das Vertrauen der Bevölkerung in die Transplantationsmedizin zu fördern. Informationsbroschüren dieser Institutionen tragen beispielsweise den Titel „Wie ein zweites Leben" oder „Organspende schenkt Leben" und betonen zumeist besonders die positiven Aspekte gelungener Transplantationen für betroffene Organempfänger. Problematische und belastende Aspekte werden eher ausgeklammert, „weder wird thematisiert, dass es sich bei einem 'Hirntoten' um einen 'lebenden Leichnam' handelt (mit allen daraus resultierenden Schwierigkeiten für die Angehörigen), noch werden die Worte 'Leiche', 'Leichnam' oder 'Leichenspende', von wenigen Gegenbeispielen abgesehen, benutzt."[14] In den folgenden Kapiteln sollen diese „Tabus" angesprochen und problematisiert werden.

3.) Wann ist ein Mensch tot? Todeskonzeptionen im Wandel

Die Frage, wann ein Mensch definitiv und endgültig als tot zu betrachten ist, war und ist von Anfang an von zentraler Bedeutung für die Diskussion über die Organtransplantation gewesen. Würde man einen Organspender zum Zeitpunkt der Organentnahme noch als Sterbenden, nicht als bereits Toten verstehen, handelte es sich bei der Explanation um den Fall einer aktiven Tötung, wenn auch mit der aus „altruistischen Motiven" gegebenen

---

[12] http://www.ethikrat.org/stellungnahmen/pdf/Stellungnahme_Organmangel.pdf
[13] ebd.
[14] Hauser-Schäublin, Brigitta u.a.: Der geteilte Leib. Die kulturelle Dimension von Organtransplantation und Reproduktionsmedizin in Deutschland. Frankfurt am Main/ New York 2001 (Campus). S.233-234. Zitiert nach Kalitzkus, Vera: Leben durch den Tod. S.94.

Einwilligung des Spenders.[15] Wann man den Zeitpunkt des Todes allerdings festsetzt, hängt wiederum davon ab, wie man „Tod" definiert. Dass es sich beim Lebensende – ähnlich wie bei der Entstehung und dem Werden des Menschen, also seinem Anfang – nicht um ein „Augenblicksereignis"[16], sondern um einen Prozess handelt – darüber besteht heute weitgehend Konsens. Das Leben des Menschen erlischt nicht schlagartig; bevor der Tod eintritt, sterben in der Regel einzelne Organe, Zellen und Teile von Zellen ab.[17] Im Psychrembel (1993)[18] werden vier Phasen des Sterbeprozesses beschrieben: der klinische Tod (völliger Kreislaufstillstand mit potenziell reversibler Aufhebung jeder zerebralen Aktivität), der zerebrale Tod (auch „kortikaler" oder „Großhirntod"), der Hirntod (kortikaler Tod mit zusätzlicher Nekrose von Klein-, Mittel- und Stammhirn) sowie der biologische Tod (Tod aller Organe). Ach, Anderheiden und Quante betonen, dass der Todesbegriff weder ein rein medizinischer noch ein rein naturwissenschaftlicher Begriff sei, eigentlich überhaupt kein rein empirischer Begriff – obwohl selbstverständlich „empirische Tatsachen in die Definition Eingang finden."[19] Dementsprechend bezeichnet Birnbacher die Definition des Todesbegriffs als eine „von Adäquatheits- und Zweckmäßigkeitsüberlegungen motivierte Festlegung."[20] Dabei spielen die unterschiedlichen kulturell oder religiös geprägten Konzepte von Körperlichkeit und Menschsein insofern eine große Rolle, als durch sie beeinflusst wird, wann eine Gesellschaft einen Menschen als „tot" betrachtet. Vor den neuen technischen Entwicklungen in der Medizin wurde der Atem- und Herzstillstand als sicheres Zeichen beginnendes Sterben betrachtet, doch bereits in den 1950er Jahren sah man sich „mit dem diskursiven und technischen Gelingen der Langzeitbeatmung [...] Patienten gegenüber, für die nicht entschieden werden konnte, ob sie mehr auf der Seite des Lebens oder der Seite des Todes standen, d.h. ob sie weiter zu behandeln waren oder nicht."[21] Nicht zuletzt diese Frage motivierte die Begründer des Hirntod-Konzepts zum Entwurf von Kriterien zur Feststellung des Todes, die neuen Entwicklungen standhalten sollten.

---

[15] vgl. Knoepffler, Nikolaus: Menschenwürde in der Bioethik. Berlin; Heidelberg 2004 (Springer-Verlag). S.166.
[16] ebd. S.82.
[17] ebd.
[18] Psychrembel, Willibald: Medizinisches Wörterbuch. Sonderausgabe Psychrembel Klinisches Wörterbuch. 257., neu bearb. Aufl. Hamburg 1993 (Nikol Verlagsgesellschaft). S.1541-1542.
[19] Ach, Johann; Anderheiden, Michael; Quante, Michael: Ethik der Organtransplantation. Erlangen 2000 (Fischer). S.31.
[20] Birnbacher, D. (1994): „Einige Gründe, das Hirntodkriterium zu akzeptieren". In: Ethik der Medizin 6. Nach: Ach u.a. S.34.
[21] Schellong, Sebastian: Künstliche Beatmung. Strukturgeschichte eines ethischen Dilemmas. Stuttgart/ New York 1990 (Gustav Fischer). S.107. Zitiert nach: Kalitzkus, Vera: Leben durch den Tod. S.70.

3.1.) Die Hirntodkonzeption – Basis für geltendes Transplantationsrecht

Das Konzept des Hirntodes geht im wesentlichen auf ein 1968 veröffentlichtes Gutachten eines Komitees der Harvard Medical School zur Definition des irreversiblen Komas zurück, in dem vorgeschlagen wird, das irreversible Koma als neues Todeskriterium anzuerkennen. Die Kommission, in der Theologen, Juristen und Mediziner mitwirkten, begründet die Entwicklung dieses neuen Todeskriteriums zum einen damit, dass der medizinische Fortschritt mit der Bemühung, das Leben schwerstverletzter Menschen zu retten, zu neuen Konfliktfällen geführt habe. Ein solcher Fall seien „Individuen, deren Herz fortfährt zu schlagen, während ihr Gehirn irreversibel zerstört ist."[22] Neben der schwierigen Frage, wie mit solchen Patienten zu verfahren sei – nicht zuletzt im Hinblick auf die „von diesen komatösen Patienten belegte(n) Krankenhausbetten" – begründet das Komitee den Bedarf nach einem neuen Todeskriterium mit der Tatsache, dass überholte Kriterien für die Definition des Todes zu „Kontroversen bei der Beschaffung von Organen zur Transplantation" führen könnten. Im bundesdeutschen Transplantationsgesetz von 1997 haben sich die Beteiligten auf den „Hirntod" als Kriterium zur Feststellung des Todes geeinigt. Hirntod bedeutet den „Zustand des irreversiblen Erloschenseins der Gesamtfunktion des Großhirns, des Kleinhirns und des Hirnstamms bei einer durch kontrollierte Beatmung noch aufrecht erhaltenen Herz-Kreislauf-Funktion."[23] Damit ist der Hirntod „der Tod des Menschen."[24] Die entsprechende Diagnose wird von mindestens zwei Ärzten durchgeführt, von denen wenigstens einer über eine mehrjährige Erfahrung in der Intensivbehandlung von Patienten mit schwerer Hirnschädigung verfügen muss. Keiner der beiden Ärzte darf an einer Organübertragung mitwirken. Die Erfüllung aller Voraussetzungen sowie die Ergebnisse der klinischen und technischen Untersuchungen werden in einem standardisierten Hirntod-Protokoll dokumentiert. Als Todeszeit gilt der Zeitpunkt, zu dem alle Kriterien erfüllt und durch beide Untersucher bestätigt wurden.

---

[23] vgl. Richtlinien zur Feststellung des Hirntodes. 3. Fortschreibung 1997.
Internetadresse: www.bundesaerztekammer.de (Letzter Zugriff: 20.07.2007)
[24] Quelle: „Kriterien des Hirntodes" des Wissenschaftlichen Beirates der Bundesärztekammer vom 29.6.1991.

3.2.) Das Hirntod-Konzept in der Kritik

Mit der Hirntod-Konzeption verbinden sich bei denjenigen Menschen, die eine Organspende bei sich selbst ablehnen, die meisten Ängste und Unsicherheiten, die häufig unbegründet sind, aber dennoch aus der existenziellen Furcht heraus entstehen, wie im Falle völliger Hilflosigkeit mit der eigenen Person, dem eigenen Körper, umgegangen wird. Der Hirntod ist – ungeachtet der medizinischen Argumente, die für dessen „Gültigkeit" sprechen – eine Provokation der menschlichen Wahrnehmung. Ein hirntoter Patient wirkt, angeschlossen an lebenserhaltende Apparate, lebendig, sein Herz schlägt, seine Haut ist warm. Die sinnliche Wahrnehmung sagt dem Beobachter, dass es sich um einen lebenden Menschen handelt; diese subjektive Einschätzung kann trotz intellektuellen Wissens um die Bedeutung des Hirnausfalls für die menschliche Existenz zu tiefer Verunsicherung bei den Beteiligten führen – bei den Angehörigen des Hirntoten genauso wie beim Pflegepersonal. An dieser Stelle soll nun exemplarisch für die Kritik am Hirntodkriterium die Position von Hans Jonas dargestellt werden. Der Philosoph, der im Zustand des hirntoten Menschen immer noch einen „Restzustand von Leben"[25] sieht, warnte nach der Veröffentlichung des Harvard-Gutachtens vor einer „pragmatischen Umdefinierung des Todes". Das Transplantationsinteresse als Haupttriebfeder der Neudefinition des Todes habe auf die Vorverlegung des Todeszeitpunktes abgezielt, „damit man an die Organe und Gewebe unter den Idealbedingungen herankann, die früher den Tatbestand der 'Vivisektion' gebildet hätten."[26] Selbst das irreversible Koma, d.h. das völlige Aussetzen der Gehirnfunktion, rechtfertigt im Sinne von Hans Jonas nicht den Eingriff in den menschlichen Körper, der sich zwar in einem Schwellenzustand zwischen Leben und Tod befinde, aber durchaus in einem Zustand, der eher dem Lebendigen zugehörig sei als dem Toten. Dabei ist seine Unterscheidung zwischen dem „Organismus als ganzem" und dem „ganzen Organismus" wichtig. Der Tod „des Organismus als ganzem" könne eingetreten sein, obwohl „örtliche Subsysteme" wie Zellen oder Gewebe noch eine Zeitlang örtlich weiterfunktionierten.[27] Atmung und Blutkreislauf zählen für Jonas jedoch nicht zu diesen lokalen Subsystemen, „denn die Wirkung ihrer Tätigkeit, obwohl von Subsystemen ausgeführt, erstreckt sich durch das ganze System und sichert sowohl die funktionelle wie die substanzielle Erhaltung seiner übrigen Teile."[28] Daher greift das Hirntodkriterium seiner Meinung nach nicht, stattdessen fordert Jonas aufgrund der Ungewissheit der Grenze

---

[25] Jonas, Hans: Gehirntod und menschliche Organbank: Zur pragmatischen Umdefinierung des Todes. In: Technik, Medizin und Ethik. Zur Praxis des Prinzips Verantwortung. Frankfurt am Main 1985. S.233. Zitiert nach: Ach u.a. S.36f.
[26] ebd. Nach: Ach u.a. S.33.
[27] ebd. Nach: Ach u.a. S.35.
[28] ebd. S.227.

zwischen Leben und Tod die „maximale" Definition des Todes, eine Art „Vorsichtsstrategie", mit der der Vorverlegung des Todeszeitpunktes aus bestimmten Interessen vorgebeugt werden soll. An dieser Stelle sollen die moralischen Konsequenzen und Gefahren zusammenfassend dargelegt werden, die sich aus einer solchen Vorverlegung aus der Jonas' Sicht ergeben können. Sein Hauptargument ist dabei die Gefahr des Missbrauchs:

> **„Wenn der komatöse Patient kraft Definition tot ist, dann ist er kein Patient mehr, sondern ein Leichnam, mit dem man anstellen darf, was immer Gesetz oder Brauch oder Testament oder Angehörige mit einem Leichnam zu tun erlauben oder wozu diese oder jene Interessen im besonderen drängen."[29]**

Aus diesem Grund sei es „naiv zu glauben, dass *irgendwo* eine Linie zwischen erlaubtem und unerlaubtem Gebrauch gezogen werden kann, wenn genügend starke Interessen sprechen."[30] Ach u.a. betonen demgegenüber den begrenzten Wert eines solchen Arguments, da Hans Jonas eine entsprechende Wahrscheinlichkeit des beschriebenen Risikos hätte nachweisen müssen, zudem sei die „eigene moralisch zu begründende Schutzwürdigkeit" des Leichnams durchaus Gegenstand der Diskussion um die moralischen Probleme der Leichnamspende.[31] Auf diesen Aspekt wird im Verlauf dieser Arbeit im Zusammenhang mit der Würde des (verstorbenen) Menschen noch einzugehen sein, auch die Kirchen haben sich in ihrer Erklärung zur Organspende zu diesem Punkt geäußert. Die Kritik, die Hans Jonas am Hirntodkonzept äußert, macht trotz verschiedener „Kategorienfehler" in der Argumentation[32] in gewissen Punkten aufmerksam auf tatsächliche Risiken und moralischen Probleme, die sich aus der Organtransplantation ergeben, wie die eben angesprochene Frage nach dem würdevollen Umgang mit menschlichen Leichnamen.

Aller Kritik zum Trotz ist das Hirntodkriterium heute weithin anerkannt, wie auch im folgenden Kapitel über die Haltung der Kirche zum Hirntodkonzept zu zeigen sein wird. Dennoch lehnt beispielsweise das orthodoxe Judentum die Organentnahme bei einem Hirntoten ab, da der Hirntod nach der jüdischen Gesetzesauslegung, der Halacha, nicht das Kriterium für die Feststellung des Todes ist. Stattdessen gilt hier der Mensch erst dann als tot, wenn sein Herz nicht mehr schlägt.[33] Organentnahmen sind allerdings gestattet, wenn das

---

[29] Ach u.a.: Ethik der Organtransplantation. S.40.
[30] ebd.
[31] ebd. S.42.
[32] so Ach u.a. S.39.
[33] vgl. Nordmann, Dr. Y.; Birnbaum, Rav. M.: Die aktuelle Biomedizin aus Sicht des Judentums. In: Bioethik und Wissenschaftskommunikation. Hg. vom Max-Delbrück-Centrum für Molekulare Medizin. Nach: Religionen zur Organspende. Quelle: http://www.dober.de/ethik-organspende/organ.html (letzter Zugriff 20.07.2007).

Herz des Spenders aufgehört hat zu schlagen; beispielsweise sind Verpflanzungen von Augenhornhäuten möglich.

Grundsätzlich – und bei aller Überzeugungskraft des Hirntodkonzepts - ergeben sich aus diesem neuen „Todeskonzept" Gefahren, denen sich die Beurteilung nicht entziehen kann. Unser Menschenbild wird davon insofern berührt, als der Mensch in erster Linie über seine intellektuellen Fähigkeiten definiert wird, wie es bei der Hirntoddiagnose den Anschein hat. So besteht prinzipiell die Gefahr der Aufweichung des „Schutzes des menschlichen Lebens", wenn Menschsein an die Fähigkeit zur bewussten Wahrnehmung gebunden ist. Tatsächlich gab es bereits Einzelfälle wie die Empfehlung der American Medical Association vom Mai 1995, anenzephale (also ohne Großhirn geborene) Kinder zur Organentnahme zu verwenden. Die Gefahr der Instrumentalisierung des menschlichen Körpers steht beim Thema „Organtransplantation" grundsätzlich im Raum. In der öffentlichen Diskussion schockieren Nachrichten über die Verwendung von Leichen zu Testzwecken oder über grausamen Organhandel in Ländern der so genannten Dritten Welt. Doch auch ohne diese Extremfälle und Pervertierungen werfen die Möglichkeiten der Transplantationsmedizin neue Fragen und Probleme auf, die neue moralische Überlegungen erfordern[34]. Die Frage nach dem Status des menschlichen Körpers, nach Todesbegriff und -zeitpunkt, nach dem würdigen Umgang mit Toten, nach moralisch vertretbaren Verteilungsregeln – innerhalb dieser Spannungspunkte muss sich eine ethische Debatte bewegen, die die Perspektiven von vier verschiedenen Interessengruppen einbezieht. J. S. Ach, M. Anderheiden und M. Quante stellen in ihrer Arbeit „Ethik der Organtransplantation" die zum Teil erheblich divergierenden Interessen von (potenziellen) Organempfängern, (verstorbenen) Organspendern, deren Angehörigen und der Gesellschaft im Ganzen dar.[35] Dies macht eine ethische Beurteilung der Organspende nicht leicht, da die jeweiligen Interessen häufig stark divergieren und in ihrer Dringlichkeit und existenziellen Bedeutung im Einzelfall jeweils Plausibilität und Berechtigung aufweisen. Zunächst soll nun mithilfe der Stellungnahmen der Kirchen zur (postmortalen) Organspende ein Fundament für eine ethische Diskussion geschaffen werden, die das christliche Menschenbild sowie das christlich geprägte Verständnis von Leben und Tod einbezieht.

---

[34] Ach u.a.: Ethik der Organtransplantation. Erlangen 2000. S.13.
[35] ebd. S.56-90.

4.) Die Kirchen und ihre Stellung zur Organtransplantation

Die Kirchen standen der Organtransplantation anfänglich ablehnend gegenüber, da sie der Forderung nach der Integrität des Leibes, das heißt der körperlichen Unversehrtheit, zu widersprechen schien. Die klassische Moraltheologie spricht in diesem Zusammenhang auch von dem „Totalitätsprinzip". Demnach habe die Kirche – so Karl Kardinal Lehmann in einer Vorlesung[36] – „alle Eingriffe, die die anatomische bzw. physiologische Vollständigkeit des Körpers verletzen" als unzulässige Verstümmelung betrachtet. Diese sei nur dann gerechtfertigt, wenn das Leben des Menschen nur und ausschließlich durch diesen Eingriff gerettet werden könne. Lehmann weist auf Papst Pius XII. (1939-1958) hin, der bereits in den im Jahr 1944 erklärt habe, dass es prinzipiell keine Einwände von seiten der Kirche gegen die Organverpflanzung gebe (damals im Bezug auf die Verpflanzung von Augenhornhäuten als des ersten Verfahrens der Transplantationsmedizin).[37] Die Macht des Menschen, über seine Organe zu verfügen, sei zwar beschränkt, aber doch gegeben, die eigentliche ethische Problemstellung liege in der Frage, wann und unter welchen Bedingungen eine Organspende beim Toten gestattet sei. Grundsätzlich aber gelte:

> „Daher kommt es auch, dass ein einzelner über seinen Leichnam verfügen und ihn zu nützlichen, moralisch einwandfreien und selbsterhabenen Zwecken (u.a. um kranken und leidenden Menschen zu helfen) bestimmen kann. Man kann eine solche Entscheidung über den eigenen Leib in vollem Bewusstsein der Achtung, die ihm gebührt, (...) treffen. Diese Entscheidung ist nicht zu verurteilen, sondern positiv zu beurteilen."

Neben dieser Bestimmung formuliert Papst Pius XII. verschiedene Anforderungen und Bedingungen, die bei der Organtransplantation zu beachten seien, unter anderem was die Art der Zustimmungsregelung oder den Umgang mit den Angehörigen. Nicht zuletzt fordert er die Aufklärung der Bevölkerung über den Sinn der Organspende:

> „Andererseits müsste die Öffentlichkeit dazu erzogen werden und es müsste ihr mit Klugheit und Ehrerbietung klargemacht werden, dass die ausdrückliche oder stillschweigende Zustimmung zu wichtigen Eingriffen in die Unverletzlichkeit des

---

[36] Lehmann, Karl: Zur Ethik der Organspende und der Transplantation. Perspektiven aus der Sicht von Theologie und Kirche. Vorlesung in der Universität Mainz im Rahmen der Nachtvorlesungen zu Fragen der Organspende und Transplantation am 14. Juli 2005, Hörsaal der Chirurgie in Mainz.
[37] Ansprache Papst Pius XII. am 14.9.1952 an die Teilnehmer des 1. Internationalen Kongresses für Histopathologie des Nervensystems in Rom, Kap. 11 und 12, „Sittliche Grenzen der ärztlichen Forschungs- und Behandlungsmethoden", herausgegeben vom St. Lukas-Institut für ärztliche Anthropologie e.V. Münster (Westf.), Verlag Wort und Werk GmbH, Köln. Nach: Lehmann, Karl. Siehe Fußnote 36.

13

Leichnams im Interesse der Leidenden die dem Verstorbenen geschuldete Achtung nicht verletze, wenn man dafür stichhaltige Gründe hat."

Karl Kardinal Lehmann sieht in diesen Äußerungen des Papstes Pius XII. grundsätzliche Weichenstellungen für die Beurteilung der Transplantation aus christlicher Sicht, in denen wesentliche Leitlinien bereits vorgezeichnet seien. Zwei wesentliche (und aktuelle) Dokumente, in denen die Deutsche Bischofskonferenz und der Rat der Evangelischen Kirchen in Deutschland (EKD) die Position der Kirchen dargelegt haben, werden im Folgenden als Basis der christlichen Bewertung der Organtransplantation herangezogen. In ihrer gemeinsamen Erklärung aus dem Jahr 1990[38] betonen die Kirchen, dass der Hirntod – ebenso wie der Herztod – den Tod des Menschen bedeute. Der hirntote Mensch habe die „unersetzbare und nicht wieder zu erlangende körperliche Grundlage für sein geistiges Dasein in dieser Welt" verloren, so dass er nicht nur keine Möglichkeit mehr zu intellektuellen Tätigkeiten wie Wahrnehmen, Verarbeiten und Entscheiden habe, sondern dass mit dem Hirntod auch die integrierende Funktion des Gehirns wegfalle, die für die Steuerung aller Organe nötig sei. Daraus ergibt sich: „Hirntod bedeutet also etwas entscheidend anderes als nur eine bleibende Bewusstlosigkeit, die allein noch nicht den Tod des Menschen ausmacht." Trotz dieser allgemeinen Akzeptanz des Hirntodkriteriums kommt eine ethische bzw. moraltheologische Betrachtungsweise der Thematik nicht daran vorbei, die Konsequenzen und möglicherweise Gefahren, die sich aus diesem Konzept ergeben, ins Blickfeld zu rücken. Begriffe wie „Person", „Leben", „Körper", „Integrität" oder „Menschenwürde" werden vielfach in der öffentlichen Diskussion verwendet, ohne dass geklärt ist, welches Verständnis diesen Begriffen zugrunde liegt bzw. wie dieses Verständnis die moralische Beurteilung von medizinischen Eingriffen wie dem der Organtransplantation beeinflusst. Um der christlich geprägten Perspektive, aus der heraus hier der Versuch einer Bewertung der Problematik unternommen wird, ein Fundament zu geben, ist es nötig, sich das christliche Menschenbild und die daraus resultierenden Implikationen zu vergegenwärtigen.

---

[38] http://www.ekd.de/EKD-Texte/organtransplantation_1990.html (Letzter Zugriff: 20.07.2007)

4.1.) Was ist der Mensch? Leben und Tod aus der Perspektive christlicher Anthropologie

Der christlichen Anthropologie gilt der Mensch als das freie, unverfügbare Gegenüber Gottes, das von diesem zur Freiheit geschaffen wurde, und die Bewahrung von dessen Würde als die unverrückbare Grenze allen menschlichen Handelns. Gott als der Schöpfer und Erhalter des Lebens setzt „sowohl dem Kosmos wie dem Leben aller Kreaturen Grenze und Maß."[39] Bei den folgenden Ausführungen greife ich auf die gemeinsame Erklärung der Kirchen „Gott ist ein Freund des Lebens" zurück, aus der wesentliche Aspekte des christlichen Verständnisses von Leben und Tod hervorgehen. Leben und Lebensschutz als zentrale biblische Themen gehen unmittelbar auf Gott, die „Quelle des Lebens" (Ps 36,10), zurück[40]. Die enge Verbindung von Gott und Leben tritt besonders deutlich in den johanneischen Schriften des Neuen Testaments hervor, wo Jesus sich selbst das „Leben" (Joh 11,25; 14,6) nennt und bezeugt und bekannt wird als das Leben, durch das alle Dinge gemacht sind (vgl. Joh 1,3f.; 1 Joh 1,2). Leben – so wird in der Erklärung „Gott ist ein Freund des Lebens betont – ist im christlichen Verständnis immer mehr als „natürliches" Leben, es hat immer eine transzendente Verankerung in Gott, dessen Zuwendung und Gnade, dessen lebensermöglichende und lebenserhaltende Kraft, allem menschlichen Leben vorgegeben sind. Er schützt das Leben, wie in folgendem Bibelzitat zum Ausdruck kommt:

„Du liebst alles, was ist, und verabscheust nichts von allem, was du gemacht hast; denn hättest du etwas gehasst, hättest du es nicht geschaffen. Wie könnte etwas ohne deinen Willen Bestand haben. oder wie könnte etwas erhalten bleiben, das nicht von dir ins Dasein gerufen wäre? Du schonst aber alles, weil es dein Eigentum ist, Herr, du Freund des Lebens. Denn in allem ist dein unvergänglicher Geist." (Weisheit Salomos 11,24 – 12,1)

Gott ist im christlichen Verständnis also ein Gott des Lebens – dennoch erfährt sich der Mensch als endlich, als begrenzt durch seine Vergänglichkeit. In der Erklärung zur Organspende von 1990 wird diese menschliche Grunderfahrung aufgegriffen und mit der von den Christen geglaubten Wirklichkeit des ewigen Lebens in Beziehung gesetzt. Der Tod stelle auch für Christen eine Herausforderung dar, die nicht selten verbunden sei mit Gefühlen der Angst und der Verzweiflung. Im Wissen um die Unvermeidbarkeit des Todes seien die

---

[39] Erklärung der Kirchen zur Organspende. Abschnitt „Leben und Tod im christlichen Verständnis".
[40] „Gott ist ein Freund des Lebens." Gemeinsame Erklärung der Deutschen Bischofskonferenz und der EKD.

Reaktionen unterschiedlich, sie reichten von Verdrängung und Tabuisierung hin zur philosophischen Überhöhung des Todes. Im Christentum - das ist theologisches Fundament - markiere der Tod nicht das Ende des Lebens, stattdessen stelle er das „Ende der Pilgerschaft und Durchgang zum ewigen Leben"[41] dar. Zwar sei der Mensch im Leben bereits vom Tod umfangen, aber er trage auch das ewige Leben in sich, das die Offenbarung jedem Christen verspricht. In der Erklärung der Kirchen zur Organspende von 1990 wird festgehalten: „Die Toten gehören einer anderen Ordnung an als die Lebenden."[42] Diese Auffassung ist entscheidend für die ethische Bewertung der Organtransplantation durch die Kirchen, da hier eine Unterscheidung getroffen wird zwischen dem „Prozess des Sterbens" und dem „Zustand des Todes". Darin wird die Akzeptanz des Hirntodkriteriums implizit deutlich. Da die Kirchen – wie oben erwähnt wurde – die Organtransplantation aus Sorge um die leibliche Integrität des Verstorbenen lange Zeit ablehnten, werden in der vorliegenden Erklärung derartige Bedenken entkräftet. Dargelegt wird das christliche Verständnis von der Auferstehung, die nicht als „Fortsetzung unseres irdischen Leibes vorzustellen" sei, sondern als eine „unaussprechliche Wirklichkeit, welche die irdische Leiblichkeit in eine neue Dimension überführt." Das bedeute nicht, dass mit dem Tod ein totaler Bruch zwischen irdischer Existenz und himmlischer Vollendung vollzogen werde, sondern es handele sich bei der Auferstehung der Toten um eine „Verwandlung unseres jetzigen Lebens und um eine wesenhafte (nicht stoffliche) Identität auch des Leibes." Zitiert wird in diesem Zusammenhang der 1. Korintherbrief, wo es heißt: „Denn dieses Vergängliche muss sich mit Unvergänglichkeit bekleiden und dieses Sterbliche mit Unsterblichkeit." (1 Kor 15,53). Das oben skizzierte Verständnis von der Auferstehung des Leibes rechtfertigt die Organentnahme bei einem (hirn-)toten Menschen, da die Auferstehung „nicht an der Unversehrtheit des Leichnams" hängt, sondern begründet ist in der Gnade und Barmherzigkeit Gottes. Die Kirchen betonen in ihrer Erklärung zur Organspende, dass der Respekt vor dem Schöpferhandeln Gottes die pietätvolle Behandlung und würdevolle Bestattung des Leichnams als christliche Pflicht erfordern, wozu die Beerdigungsliturgie zitiert wird: „Dein Leib war Gottes Tempel. Der Herr schenke dir ewige Freude."

Zusammenfassend kann gesagt werden: Die beiden großen christlichen Kirchen Deutschlands stehen der Organtransplantation grundsätzlich positiv gegenüber und betrachten sie als eine „Tat der Nächstenliebe über den Tod hinaus". Sie bescheinigen demjenigen, der sich dazu bereit erklärt, im Falle seines Todes Organe zu spenden, ethisch verantwortlich zu handeln,

---

[41] http://www.ekd.de/EKD-Texte/gottist/freunddeslebens.html
[42] http://www.ekd.de/EKD-Texte/organtransplantation_1990.html

das gleiche gilt für die Angehörigen, die die Entscheidung zugunsten der Organentnahme treffen. Betont wird, wie eben erwähnt, die „würdevolle" Behandlung des Leichnams. Wesentlich für die ethische Diskussion über die Organspende ist die Frage nach der Würde des Menschen nach seinem Tod, die im folgenden Abschnitt kurz angesprochen werden soll. Einige ethische Problemfelder, die in den Stellungnahmen der Kirchen und in der öffentlichen Diskussion immer wieder auftauchen, sollen anschließend dargestellt werden.

5.) Ethische Problemfelder im Bereich der postmortalen Organtransplantation

5.1.) Die Würde des Menschen – gültig über den Tod hinaus?

Kommt einem Verstorbenen Menschenwürde zu und wie unterscheidet sich diese Würde gegebenenfalls von der eines lebenden Menschen, gibt es qualitative oder andere Unterschiede? Ach u.a. sprechen in diesem Zusammenhang vom besonderen „moralischen Status des Körpers zwischen Person und Sache.[43] In § 6 TPG („Achtung der Würde des Organspenders") heißt es zur Würde des Verstorbenen:

(1) **Die Organentnahme und alle mit ihr zusammenhängenden Maßnahmen müssen unter Achtung der Würde des Organspenders in einer der ärztlichen Sorgfaltspflicht entsprechenden Weise durchgeführt werde.**

(2) **Der Leichnam des Organspenders muss in würdigem Zustand zur Bestattung übergeben werden. Zunächst ist den nächsten Angehörigen Gelegenheit zu geben, den Leichnam zu sehen.**

Deutlich wird, dass der Leichnam nicht als bloßes Objekt angesehen wird – dies würde auch der christlichen Sicht des Verstorbenen widersprechen. Stattdessen kommt dem verstorbenen Menschen ein besonderer Status zu, der einen besonderen „moralisch geregelten Umgang"[44] mit dem Leichnam erfordert, wie er in den kulturell bedingten Pietätsregeln und –traditionen zum Vorschein kommt. Dieser Status des verstorbenen Menschen wird in Deutschland durch das „postmortale Persönlichkeitsrecht" (Artikel 2 Abs. 1 GG) geregelt, demzufolge der noch Lebende sein Selbstbestimmungsrecht über den Tod hinaus ausüben kann, um beispielsweise festzulegen, was mit seinem Körper nach dem Tod geschehen soll. Dies wird damit

---

[43] Ach u.a.: Ethik der Organtransplantation. S.55.
[44] ebd. S.69.

begründet, dass im Leichnam „der Eigenwert und die Würde des Menschen nachwirken."[45] Dabei ist die Präzisierung des deutschen Ethikers Birnbaum interessant. Seiner Ansicht nach

> **„besteht auch das Entwürdigende einer entwürdigenden Behandlung des Leichnams zumeist nicht darin, dass die Würde des Leichnams verletzt wird, sondern darin, dass die Würde des Menschen verletzt wird, den dieser einmal beherbergt hat. Auf den Leichnam selbst angewandt, hat der Begriff der Würde einen sehr viel schwächeren Bedeutungsgehalt als in seiner Anwendung auf Lebende."[46]**

Wolfgang Huber betont in seiner Rede über die ethischen Probleme der Organtransplantation, dass der Respekt der Christen vor dem menschlichen Leichnam seinen tiefsten Grund in der Verheißung habe, „dass der verwesliche Körper des Menschen unverweslich auferstehen wird"[47]:

> **„Es wird gesät verweslich und wird auferstehen unverweslich; … es wird gesät ein natürlicher Leib und wird auferstehen ein geistlicher Leib." (1. Korinther 15,42f.)**

5.2.) Zwischen Pflicht und Freiwilligkeit

Grundsätzlich basiert die Organspende auf der Freiwilligkeit des Spenders; dennoch besteht immer die Gefahr bzw. die „Verführung", aus dem christlichen Menschenbild „so etwas wie eine Pflicht zur Bereitschaft abzuleiten, in eine Organspende einzuwilligen."[48] Karl Kardinal Lehmann verweist auf Pius XII., der betonte, dass die Freiheit und Freiwilligkeit des Betreffenden unbedingt zu respektieren seien und dass eine Entscheidung gegen die Organspende nicht ethisch negativ bewertet werden dürfe.[49] Dennoch schwingen in der gesellschaftlichen Bewertung der Spendebereitschaft immer moralische Mahnungen und Appelle mit, so dass ein Person, die die Organspende für sich selbst ablehnt, Mitschuld am Tod eines kranken Menschen zu tragen scheint. Vera Kalitzkus zitiert in diesem Zusammenhang Formulierungen wie „Tod durch Organmangel" oder „Tod auf der Warteliste", die den Anschein wecken, als sei der Tod dieser Patienten vermeidbar gewesen

---

[45] Erklärung der Kirchen zur Organspende (1990).
[46] vgl. Birnbacher, D.: Philosophisch-ethische Überlegungen zum Status des menschlichen Leichnams. In: Körper ohne Leben. S.927-929.
[47] Rede von Wolfgang Huber am 11. September 2001.
Quelle: http://www.ekd.de/vortraege/vortraege_huber_010911.html
[48] Karl Kardinal Lehmann: Zur Ethik der Organspende und der Transplantation. Perspektiven aus der Sicht von Theologie und Kirche.
Quelle: http://www.bistummainz.de/bm/dcms/sites/bistum/bistum/kardinal/texte/texte_2005/organspende.html
[49] ebd.

und „nicht mehr schicksalshaft bedingt durch eine schwere Erkrankung."[50] Solche Formulierungen erzeugen nicht geringen moralischen Druck, der auch und vor allem auf den Menschen lastet, die für einen ihnen Nahestehenden entscheiden müssen, ob sie einer Organentnahme bei diesem zustimmen. Nikolaus Knoepffler stellt in seiner Arbeit „Menschenwürde in der Bioethik" die These auf, dass „allein in diesem Land mehr als tausend Menschen unfreiwillig passive Sterbehilfe erhalten" haben, „denn es wäre bei einer anderen Gesetzeslage möglich gewesen, vielen von ihnen das Leben zu retten."[51] Im selben Sinn betont er, dass „ein über den Tod reichendes Persönlichkeitsrecht" dort seine Grenze haben sollte, „wo das Leben anderer Menschen auf dem Spiel steht."[52] Er geht sogar so weit, die Verpflichtung zur Organspende zu vergleichen mit der Berechtigung des Staates, um der sozialen Gerechtigkeit willen Erbschaftssteuern zu erheben und damit das Selbstbestimmungsrecht und die Verfügungsgewalt des Einzelnen zu beschränken. In dieser Weise sollte der Staat den „Bürgerinnen und Bürgern im Todesfall die Organentnahme zumuten."[53] Er plädiert dafür, dass „zumindest eine strenge Widerspruchslösung" eingeführt werden müsse. Grundsätzlich muss jedoch – das betont Irrgang in seiner „Einführung in die Bioethik"- die Organspende eine „Spende, ein freiwilliges Geschenk bleiben", weder sozialer noch finanzieller Druck dürfte die Entscheidung des einzelnen für oder gegen die Organspende beeinflussen.[54] Die beiden großen Kirchen Deutschlands betonen in ihrer Erklärung zur Organspende (1990) ebenfalls, dass kein Mensch zu einer Gewebe- oder Organspende verpflichtet sei und in keinem Fall dazu gedrängt werden dürfe. Ethisch zu rechtfertigen sei nur eine Spende, die auf Freiwilligkeit beruhe und auf dem Willen des Verstorbenen, seinen Leib „aus Liebe zum Nächsten" einzusetzen. Vera Kalitzkus[55] stellt hingegen in ihrer soziologisch geprägten Arbeit die These auf, dass im kulturellen bzw. christlichen Ideal eine Überbetonung des freiwilligen, altruistischen Aspekts zu beobachten sei. Die Organspende werde unter der „Dimension der Gabe" betrachtet, die jedoch auf dem Prinzip der Gegengabe bzw. der Verpflichtung beruhe, wie aus folgendem Zitat von Fox und Swazey zum Ausdruck kommt:

---

[50] Kalitzkus, Vera: Leben durch den Tod. S.94.
[51] Knoeppfler, Nikolaus: Menschenwürde in der Bioethik. S.165.
[52] Knoeppfler, Nikolaus: Menschenwürde in der Bioethik. S.167.
[53] ebd. S.168.
[54] Irrgang, Bernhard: Bioethik. S.110.
[55] Kalitzkus, Vera: Leben durch den Tod. S.218ff.

„So long as organ transplantation is regarded an defined as a gift or a donation, it will be subject of norms of giving, receiving, and repaying, with their attendant social, cultural, and psychological functions and strains."[56]

Durch die Spende und Verpflanzung von Organen entstehen – so Kalitzkus – enge Verknüpfungen individueller Schicksale und neue Formen sozialer Beziehungen, inklusive der daraus resultierenden Gefühle wie Dankbarkeit bzw. des Bedürfnisses der Anerkennung. Letzteres betrifft vor allem die Angehörigen verstorbener Organspender, deren Situation im folgenden Kapitel thematisiert wird. Die eben dargelegten Überlegungen von Kalitzkus zur Freiwilligkeit der Organspende werfen ein neues Licht auf die christliche Vorstellung von der Spende als Gabe aus dem Motiv der Nächstenliebe heraus. Gerade die Schwierigkeit, die den meisten Menschen das Geben ohne zu erwartende „Gegenleistung" bereitet, ist für den Christen zu überwinden im Hinblick auf die „größere Liebe (Joh 15,13), zu der Jesus seine Jünger auffordert."[57]

5.3.) Die Angehörigen des Spenders - Verlustbewältigung und Entscheidungskonflikt

Neben Organspendern und -empfängern ist eine weitere Personengruppe bei ethischen Überlegungen zur Organspende nicht zu vernachlässigen: die Angehörigen des Spenders.
In der Öffentlichkeit wenig beachtet und kaum organisiert sind sie besonders stark in das Geschehen involviert und belastet durch die Entscheidung für oder gegen eine Organentnahme, die ihnen aufgebürdet ist, wenn sich der Angehörige nicht selbst zu Lebzeiten klar geäußert hat. In dieser Entscheidungssituation müssen die Nahestehenden den Schmerz über den Verlust eines geliebten Menschen ertragen und befinden sich in einer emotionalen Ausnahmesituation. Hinzu kommt, dass potenzielle Organspender meist einen plötzlichen und unerwarteten Tod erlitten haben (häufig durch Schädelhirntraumata, Hirninfarkte oder einen Schlaganfall). Die Angehörigen hatten also in vielen Fällen keine Möglichkeit, sich gedanklich und emotional auf den Verlust vorzubereiten. Genauso plötzlich - und oft zum ersten Mal überhaupt - werden sie mit dem Thema Organtransplantation konfrontiert und sollen die Entscheidung fällen, ob sie in die Organentnahme bei ihrem Angehörigen einwilligen. Nicht immer bleibt nach der Hirntoddiagnose Raum und Zeit, sich mit dem – nicht selten traumatischen - Ereignis seelisch auseinanderzusetzen und Abschied zu nehmen, so dass die Verarbeitung des Verlusts oft nachhaltig gestört ist. Gewöhnlich herrscht

---

[56] Fox, Renée; Swazey, Judith; The Courage to fail. A social view of organ transplants and dialysis. Chicago 1974 (Chicago University Press). S.39. Nach: Kalitzkus: Leben durch den Tod. S.218.
[57] Erklärung der Kirchen zur Organspende (1990).

großer Zeitdruck bei der Durchführung einer Organentnahme und -verpflanzung, da die Haltbarkeit explantierter Organe sehr begrenzt ist. Vera Kalitzkus hat in ihrer Dissertation Interviews mit den Angehörigen von Organspendern geführt und deren Motive zur Zustimmung zur Organentnahme zu ergründen versucht. Nur in vier Fällen konnten sich die Angehörigen dabei auf eine zu Lebzeiten fixierte schriftliche Erklärung berufen, die anderen legten bei ihrer Entscheidung großen Wert darauf, im vermeintlichen Sinne des hirntoten Verwandten zu entscheiden. Obwohl eine Vielzahl von Argumenten für eine Zustimmung genannt wurde, handelt es sich bei der Entscheidungssituation und vor allem bei der Zeit zwischen Hirntoddiagnose und Beendigung der Organentnahme um eine „Zeit zwischen Leben und Tod"[58], auf die - so stellt Kalitzkus fest - in Informationsbroschüren kaum eingegangen wird. Dabei ist es vor allem die „Diskrepanz zwischen intellektuellem Verstehen des ‚Hirntodes' als Tod des Menschen und der leiblich empfundenen Wahrnehmung eines lebend erscheinenden Körpers"[59], die eine Hauptbelastung in den Stunden zwischen Hirntoddiagnose und Beendigung der Explanation bedeutet. Eine Frau, deren achtjähriger Sohn bei einem Autounfall tödlich verunglückte, formulierte ihre Zweifel folgendermaßen:

Brigitte Nowak: „Ja, dass ich auch nicht genau weiß, als ich mich verabschiedet habe, lebte er da noch? Oder war das nur durch die Maschine? Hat er danach gelebt und ich war schon weg? Und habe ihn da liegengelassen und er hat irgendwas empfunden? Das ist für mich schwer einzuordnen eben, dieses Nicht-fassen-können."[60]

Besonders bei Eltern, die über die Organentnahme bei ihrem hirntoten Kind entscheiden müssen, kommt im Nachhinein häufig das Gefühl auf, das Kind im Stich gelassen und dabei die ganz elementare elterliche Fürsorgepflicht vernachlässigt zu haben, wie aus den von Vera Kalitzkus geführten Interviews hervorgeht. Problematisch für den Umgang mit der Situation sei auch die Tatsache, dass zwischen dem Eintritt des Hirntodes, dem offiziell festgehaltenen Todeszeitpunkt nach abgeschlossener Hirntoddiagnostik und der Entnahmeoperation durch das Zusammenwirken von „personalen, logistischen und technischen Faktoren"[61] Zeit verstreicht. Dies kann bei den Angehörigen zu Irritationen führen, wie folgende Äußerungen der oben bereits zitierten Mutter und des Stiefvaters eines verstorbenen Sohnes veranschaulichen:

---

[58] Kalitzkus, Vera: Leben durch den Tod. S.128.
[59] ebd. S.131.
[60] Interviewäußerung ebd. S.132.
[61] ebd. S.134.

Brigitte Nowak: Wir haben gedacht, es würde jetzt sofort losgehen. Uns war gar nicht richtig der Ablauf klar. Es muss ja erst mit Leiden [dem Sitz von Eurotransplant, Anm. V.K.] alles abgestimmt werden. Und dass es stunden dauern würde, auch Tage dauern könnte, bis diese Operation stattfindet, und dann erst das Todesdatum bestimmt würde.

Martin Nowak: Das war ein Punkt, der uns sehr arg gestört hat, dass der Todeszeitpunkt nicht das Unfalldatum war, an dem auch der Hirntod festgestellt wurde, sondern ein Tag später. Dann kamen wir nämlich in diesen Konflikt, dass wir eigentlich das mit der Organspende bis auf den Verwandtschaftskreis. aber im Freundeskreis gar nicht großartig erzählt hatten, aber dann Erklärungen abliefern sollten, wieso ist er denn erst einen Tag später gestorben?[62]

Die Angehörigen werden auf der Intensivstation mit einem Tod konfrontiert, der den herkömmlichen Vorstellungen und Assoziationen nicht entspricht, sondern in ihrer Wahrnehmung zerfällt in drei verschiedene Phasen, die Kalitzkus folgendermaßen charakterisiert[63]:

1. Den *,Hirntod'*, den sie rational als Tod verstehen, nicht aber in der Konfrontation mit dem ,lebenden Leichnam' als tatsächlichen Tod nachempfinden können. Für sie zählt der ,hirntote' Verwandte demnach noch zu den Sterbenden.
2. Den *tatsächlichen Tod* nach der Organentnahme, wenn über die Leiche erfahrbar wird, dass kein Leben mehr im Körper ihres Verwandten ist, er also ,tatsächlich' verstorben ist.
3. Den *endgültigen Tod*, wenn auch die entnommenen Organe ihre Funktion im Körper der Empfänger eingestellt haben, von dem sie aber nie wissen, ob und wann er eingetreten ist.

Nur relativ wenige der von Kalitzkus interviewten Angehörigen, die einer Organentnahme bei ihrem Verwandten zugestimmt hatten, schätzten diese Entscheidung im Nachhinein als positiv ein, was mitunter auch durch die mangelnde Sensibilität vonseiten des Klinikpersonals verstärkt wurde. Die beschriebene Problematik ergibt sich aus der so genannten „erweiterten Zustimmungslösung", die von den Angehörigen die Zustimmung oder Ablehnung der Organspende bei ihrem Verwandten abverlangt. Das Gegenkonzept, die „enge Zustimmungslösung", bei der nur der Spender selbst zu Lebzeiten sein Einverständnis erklärt

---

[62] Kalitzkus, Vera: Leben durch den Tod. S.134f.
[63] ebd. S.149.

haben kann, würde den Angehörigen dieses ethische Dilemma ersparen. Die Kirchen betonen in ihrer Erklärung zur Organspende von 1990 ebenfalls, dass jemand, der sich zu Lebzeiten zur Organspende nach seinem Tod äußert, seinen Angehörigen die „zuweilen schmerzliche Last einer Entscheidung" abnehme und ihnen so die „Not von Mutmaßungen über seinen Willen" erspare.[64]

Die Trauernden in ihrer schwierigen Lebenssituation müssen unter allen Umständen mit äußerster Sensibilität, mit Respekt und Rücksichtnahme behandelt werden, moralischer Druck und bedrängendes Appellieren an ihre „Menschlichkeit" sind zu vermeiden, auch wenn selbstverständlich die Motive, die die transplantierenden Ärzte haben, verständlich sind: es geht schließlich ganz konkret darum, das Leben eines anderen, vom Tod bedrohten Menschen zu retten – und die Zeit drängt. Seelsorgerischer Beistand bei der Entscheidung und das Angebot von Gesprächen nach der Organentnahme sollen den Angehörigen helfen, Zweifel zu bewältigen und hoffnungsvoll auf den „Gott des Lebens, der allen Menschen die Auferstehung zugesagt hat" zu blicken, wie es in der Erklärung zur Organspende heißt.

6.) Weitere Problemfelder

In dieser Arbeit standen der Organspender und seine Angehörigen im Mittelpunkt der Betrachtung; dabei allerdings handelt es sich nur um die eine Seite der Organspende. Auf der anderen Seite stehen die Organempfänger, die ein Leben durch den Tod[65] führen – mit im besten Fall verbesserter Lebensqualität und Überlebenschance, aber auch mit psychischen Problemen bei der Annahme des „fremden Organs". Auch *vor* der gelungenen Transplantation tun sich ethische Fragen auf, was den Organmangel und die Kriterien der Verteilung der vorhandenen Organe betrifft. Diese Probleme können an dieser Stelle aufgrund der thematischen Begrenzung auf die Seite der Organspender nicht behandelt werden.

7.) Resümee und Ausblick

Die Transplantationsmedizin vor neuen Herausforderungen

Die Problematik der Organtransplantation berührt - wie bereits in der Einleitung erwähnt - existenzielle Fragen des menschlichen Lebens. Betrachtet man das Thema aus den oft völlig unterschiedlichen Perspektiven der Beteiligten, ergeben sich immer wieder neue Anfragen und Problemstellungen, die sich kaum in eine einheitliche Gesamtbeurteilung der

---

[64] Erklärung der Kirchen zur Organspende (1990).
[65] vgl. den Titel des Werks von Vera Kalitzkus.

Organtransplantation integrieren lassen. Vera Kalitzkus vergleicht dies mit dem Drehen an einem Kaleidoskop, das beim Drehen die „einzelnen „Fakten", aus denen die Welt der Organtransplantation besteht, zu einem jeweils völlig neuen Bild zusammensetzt.[66] Das Transplantationsgesetz von 1997 und die Stellungnahmen der beiden großen christlichen Kirchen stecken den Rahmen ab, innerhalb dessen Grenzen die Organtransplantation ethisch zu verantworten ist. Gute Heilungsaussichten und Lebensperspektiven für Schwerkranke ergeben sich aus den immer weiter verbesserten medizinischen Möglichkeiten, die auch die Kirchen zu würdigen wissen. Zukünftige Entwicklungen in der Transplantationsmedizin werden neue Überlebenschancen und Heilungshoffnungen für schwer erkrankte Patienten, aber auch Anlass für weitere ethische Kontroversen bieten. So zeichnen sich beispielsweise neue medizinische Möglichkeiten im Bereich nachwachsender Organe ab, die Züchtung biologisch-synthetischer Ersatzteile unter anderem durch die Stimulation der Gewebe- und Organbildung wird ausgeweitet werden. Wissenschaftler gehen davon aus, dass komplette „Neo-Herzen" in etwa zehn oder zwanzig Jahren zu erwarten sind.[67] Die Instrumentalisierung menschlicher Stammzellen sowie die Erzeugung von Embryonen ausschließlich zu medizinischen Zwecken - zum Beispiel zur Verpflanzung von fetalem Hirngewebe - sieht der evangelische Bischof von Berlin-Brandenburg, Wolfgang Huber, als mögliche Missbrauchsgefahren, wenn er feststellt: „Wo seine [d.h. des wissenschaftlichen Fortschritts] Verheißungen am größten sind, lauern auch die größten Gefahren."[68] Ethisch problematisch sind sicherlich auch die Entwicklungen im Bereich der xenogenen oder heterologen Transplantation, das heißt, der Organverpflanzung über Gattungsgrenzen hinweg (Verpflanzung von Tierorganen). In diesem Bereich werden innovative immunrepressive Möglichkeiten sowie gentechnisch veränderte und so dem Menschen angenäherte Organe den Transplantationsmedizinern neue Perspektiven eröffnen. Dies wiederum würde die Entlastung von bestimmten ethischen Problemen bedeuten, die sich mit der Transplantation von Organen hirntoter Menschen verbinden und die in dieser Arbeit dargestellt wurden. Dem Organhandel wäre Einhalt geboten, nicht zuletzt wären solche Verfahren finanziell weitaus günstiger. Doch auch hier zeigt sich die Ambivalenz fast jeder wissenschaftlicher Innovation: wenn wir beginnen, die Grenzen zwischen Gattungen zu vermischen, wird das unsere anthropologischen Konzepte infrage stellen, nicht zuletzt auch die Frage nach der menschlichen Identität. In diesen ethischen Fragen die christliche Perspektive auf

---

[66] Kalitzkus, Vera: Leben durch den Tod. S.43.
[67] Spektrum 4/99,11. Zitiert nach Irrgang, Bernhard: Bioethik 104.
[68] „Was ist vertretbar? Ethische Probleme der Organtransplantation. Rede vom 11.September 2001, Berlin. Quelle: http://www.ekd.de/vortraege/vortraege_huber_010911.html

menschliches Leben und menschliche Würde in die Diskussion einfließen zu lassen, das ist Aufgabe und Anspruch der Kirchen, die aus ihrem Rückbezug auf Gott als Schöpfer und Erhalter allen Lebens die Grenzen des menschlichen Handelns ableiten und zu einem verantwortlichen Umgang mit den immer größer werdenden medizinischen Möglichkeiten zum Wohl des Menschen mahnen.

8.) Verwendete Literatur

- **Gott ist ein Freund des Lebens. Herausforderungen und Aufgaben beim Schutz des Lebens. Gemeinsame Erklärung des Rates der Evangelischen Kirche in Deutschland und der Deutschen Bischofskonferenz. Herausgegeben vom Kirchenamt der Evangelischen Kirche in Deutschland und vom Sekretariat der Deutschen Bischofskonferenz. Gütersloh 1989.**
  http://www.ekd.de/EKD-Texte/gottist/freunddeslebens.html
  Letzter Zugriff: 20.07.2007

- **Organtransplantationen. Erklärung der Deutschen Bischofskonferenz und des Rates der EKD. Bonn / Hannover 1990.**
  http://www.ekd.de/EKD-Texte/organtransplantation_1990.html
  Letzter Zugriff: 20.07.2007

Ach, Johann; Anderheiden, Michael; Quante, Michael: Ethik der Organtransplantation. Erlangen 2000 (Fischer).

Huber, Wolfgang: Was ist vertretbar? Ethische Probleme der Organtransplantation. Rede vom 11.09.2001, Berlin.
Internetadresse:
http://www.ekd.de/vortraege/vortraege_huber_010911.html Letzter Zugriff: 20.07.2007.

Irrgang, Bernhard: Einführung in die Bioethik. München 2005 (Wilhelm Fink Verlag).

Kalitzkus, Vera: Leben durch den Tod. Die zwei Seiten der Organtransplantation. Eine medizinethnologische Studie. Frankfurt/ New York 2003 (Campus Verlag).

Knoeppfler, Nikolaus: Menschenwürde in der Bioethik. Berlin; Heidelberg 2004 (Springer-Verlag).

Lehmann, Karl: Zur Ethik der Organspende und der Transplantation. Perspektiven aus der Sicht von Theologie und Kirche. Vorlesung in der Universität Mainz im Rahmen der Nachtvorlesungen zu Fragen der Organspende und Transplantation am 14. Juli 2005, Hörsaal der Chirurgie in Mainz.
Internetadresse:
http://www.bistummainz.de/bm/dcms/sites/bistum/bistum/kardinal/texte/texte_2005/organspe nde.html Letzter Zugriff: 20.07.2007

Organlebendspende. Diskurs zu ethischen, rechtlichen, theologischen und praktischen Aspekte. Symposium der Nordrhein-Westfälischen Akademie der Wissenschaften 2005. Hg. von Christoph E. Broelsch. Paderborn 2006 (Verlag Ferdinand Schöningh).

„Wie ein zweites Leben." Informationen der Bundeszentrale für gesundheitliche Aufklärung (BZgA) zur Organspende und Transplantation in Deutschland. Köln 2002.

Lightning Source UK Ltd.
Milton Keynes UK
UKHW040633240619
344937UK00001B/190/P